Bibliografische Information der Deutschen Nationalbibliothek:

Die Deutsche Bibliothek verzeichnet diese Publikation in der Deutschen National-
bibliografie; detaillierte bibliografische Daten sind im Internet über http://dnb.d-
nb.de/ abrufbar.

Impressum:

Copyright © 2018 GRIN Verlag
Druck und Bindung: Books on Demand GmbH, Norderstedt Germany
ISBN: 9783346086983

Dieses Buch bei GRIN:

https://www.grin.com/document/510138

Deniz Stefanie Tassy

Marktorientierte Unternehmensführung von Google Inc. Cooperation

GRIN Verlag

GRIN - Your knowledge has value

Der GRIN Verlag publiziert seit 1998 wissenschaftliche Arbeiten von Studenten, Hochschullehrern und anderen Akademikern als eBook und gedrucktes Buch. Die Verlagswebsite www.grin.com ist die ideale Plattform zur Veröffentlichung von Hausarbeiten, Abschlussarbeiten, wissenschaftlichen Aufsätzen, Dissertationen und Fachbüchern.

Besuchen Sie uns im Internet:

http://www.grin.com/

http://www.facebook.com/grincom

http://www.twitter.com/grin_com

Studiengang:

Medien- und Kommunikationsmanagement

Medienmanagement, B.A.

Marktorientierte Unternehmensführung am Beispiel von Google Inc. Cooperation

Deniz Stefanie Tassy

Inhaltsverzeichnis

1. Einleitung 2

   1.1   Einführung in das Thema 2

   1.2   Ziele der Arbeit 2

   1.3   Vorgehensweise und Aufbau der Arbeit 2

2. Definitionen 3

   2.1   Marktorientierte Unternehmensführung 3

   2.2   Management 3

   2.3   Unternehmenskultur 3

   2.4   Strategie 4

   2.5   Innovation 4

   2.6   Smarte Kreative 5

3. Das Unternehmen Google Inc. Cooperation 5

   3.1   Was ist Google Inc. Cooperation 5

   3.2   Die Geschichte von Google Inc. Cooperation 6

4. Die Unternehmensführung von Google Inc. Cooperation 6

   4.1   Googles Firmenkultur 6

   4.2   Googles Strategien 7

   4.3   Googles Innovation 8

   4.4   Googles Personalbeschaffung 8

5. Fazit 9

   5.1   Zusammenfassung 9

   5.2   Ausblick 10

Literaturverzeichnis 11

1. Einleitung

1.1 Einführung in das Thema

Das Thema „Marktorientierte Unternehmensführung" ist für alle Unternehmen von höchstem Interesse. Doch was genau ist Marktorientierte Unternehmensführung und wodurch zeichnet sie sich aus? Aktuell gibt es einige Vorreiter in diesem Bereich, unter anderem Apple und Google Inc. Cooperation. Heute hat Google einen Firmenwert von über 141,7 Milliarden Dollar und steht somit auf Platzt 2 der „Best Global Brands 2017 Rankings" (vgl. Interbrand, Best Global Brands 2017 Rankings, 2018). Diese Arbeit beschäftigt sich mit der Thematik, weshalb Google einen solchen Erfolg aufweisen kann.

1.2 Ziele der Arbeit

Die Ziele dieser Arbeit setzten sich aus drei Teilen zusammen. Zum einen wird erforscht, welche Art von Firmenkultur im Unternehmen „Google Inc. Cooperation" etabliert ist. Des Weiteren wird der Frage nach der Strategie, der Innovation und der Personalbeschaffung nachgegangen. Grundlegendes Ziel der Arbeit ist es, aufzuweisen durch welche Mittel „Google Inc. Cooperation" es schafft, ein marktorientiertes Unternehmen zu sein.

1.3 Vorgehensweise und Aufbau der Arbeit

Die Arbeit wird folgendermaßen aufgebaut: Zunächst werden die Begrifflichkeiten definiert und erklärt. Im weiteren Verlauf werden die Ziele dieser Arbeit behandelt. Es wird geklärt, welche Firmenkultur im Unternehmen herrscht, was die Strategie des Unternehmens ist, wie Innovation im Unternehmen gefördert wird und wie die Personalbeschaffung erfolgt. Abschließend wird ein Fazit, welches eine Zusammenfassung und einen Ausblick enthält, erstellt.

2. Definitionen

2.1 Marktorientierte Unternehmensführung

Marktorientierte Unternehmensführung bedeutet, ein Unternehmen so zu führen, dass sich sämtliche Aktivitäten am Absatzmarkt orientieren. Das Ziel ist die Bedürfnisse der Kunden und Mitarbeiter zu befriedigen, sowie der Aufbau und die Pflege von Kunden- und Mitarbeiterbeziehungen (vgl. Marketing, 2018).

2.2 Management

„Management ist die Koordination der Aktivitäten in einem Unternehmen mit dem Zweck, vorgegebene Ziele zu erreichen" jedoch lässt sich der Begriff „Management" in seiner Bedeutung in drei Bereiche unterteilen (Management, 2018):

- Management als Organisation:

   „Zum Management gehören alle Personen die eine leitende Funktion innehaben" (Management, 2018). Das Management als Organisation beschreibt die Führungsebenen.

- Management als Tätigkeit:

   Das Management als Tätigkeit beschreibt die Umsetzung der Führungsrolle. Dies beinhaltet alle Aufgaben der Planung, Umsetzung und Kontrolle.

- Management als Methode:

   Das Ziel des Managements als Methode ist es, eine möglichst effektive Führungsform zu entwickeln welche die Bedürfnisse des Unternehmens als auch die Bedürfnisse der Mitarbeiter berücksichtigt.

2.3 Unternehmenskultur

Die Unternehmenskultur ist ein von Menschen geschaffenes Phänomen welches weder greifbar noch sichtbar ist. Sie wird von verschiedenen Faktoren beeinflusst und hat großen Einfluss auf Strategie und Struktur eines Unternehmens (vgl. Lies, Unternehemskultur, 2018). Sie könnte auch als die Gesamtheit der gemeinsamen Normen, Werte und Einstellungen der Mitarbeiter beschrieben werden, welche die Entscheidungen, Handlungen und das Verhalten der Mitglieder eines Unternehmens beeinflussen und prägen (vgl. UNTERNEHMENSFÜHRUNG Unternehmenskultur,

2018). Ziel der Unternehmenskultur ist es, einen handlungsprägenden Rahmen zu schaffen, denn die Handlungen eines Unternehmens bilden gleichzeitig die „Beobachtungsfläche" für eigene Mitarbeiter wie auch für außenstehende Dritte. Die Unternehmenskultur trägt tiefgreifend zur Wahrnehmung, zum Image und zum Ruf bei (vgl. Lies, Unternehmenskultur, 2018).

2.4 Strategie

Die Strategie beschreibt in der Betriebswirtschaftslehre die langfristige Planung eines Unternehmens. Sie wird durch vier Faktoren charakterisiert:

- Tätigkeitsbereich: „Dies bezeichnet das Ausmaß der Umweltbeziehungen eines Unternehmens" (vgl. Strategie, 2018).
- Ressourcen: Zum Erreichen der Ziele müssen verschiedene Ressourcen und Fähigkeiten eingesetzt werden.
- Vorteile: Um einen langfristigen rentabel zu bleiben muss ein Unternehmen Wettbewerbsvorteile gegenüber anderen Unternehmen vorweisen.
- Synergien: Synergien sind „das Zusammenwirken verschiedener Kräfte zu einer Gesamtleistung. Häufig wird erwartet, dass diese Gesamtleistung höher liegt als die Summe der Einzelleistungen" (vgl. Maier, Synergie, 2018)). Sie können durch strategische Entscheidungen entstehen.

Ziel der Strategie ist es eine langfristige Gewinnmaximierung zu erwirtschaften, ebenso wie die Erreichung der langfristigen Ziele eines Unternehmens.

2.5 Innovation

In den Wirtschaftswissenschaften wird die Innovation als eine Neuerung beschrieben, welche mit technischem, sozialem und wirtschaftlichem Wandel im Zusammenhang steht. Die Aufgaben liegen hierbei im strategischen und operativen Tätigkeitsfeld. Eine allgemeingültige Definition der Innovation ist nicht vorhanden allerdings haben alle Ansätze einheitliche Merkmale (vgl. Möhrle, M. und Specht, D., Innovation, 2018):

- „Eine Erneuerung eines Objektes oder einer sozialen Handlungsweise" (vgl. Möhrle, M. und Specht, D., Innovation, 2018)
- „Eine Veränderung bzw. ein Wechsel durch die Innovation in und durch die Unternehmung" (vgl. Möhrle, M. und Specht, D., Innovation, 2018)

2.6 Smarte Kreative

Als smarte Kreative werden die Angestellten bei Google bezeichnet. Ursprünglich waren es deren Ingenieure die sowohl eine hohe Intelligenz als auch eine kreative Ader aufweisen konnten. Heute beschränkt sich der Begriff der smarten Kreativen nicht mehr nur auf die Ingenieure. Die smarten Kreativen weisen folgende Eigenschaften auf (vgl. Schmidt, E. und Rosenberg, J., S. 30 ff.):

- Sie sind nicht auf bestimmte Aufgaben oder Aufgabengebiete beschränkt
- Sie scheuen keine Risiken
- Sie sind höchst motiviert ihre eigenen Ideen auszuprobieren
- Sie verbinden technisches Fachwissen mit Geschäftstüchtigkeit und Kreativität
- Sie kennen den direkten Zusammenhang zwischen Fachwissen, Produktqualität und Geschäftserfolg
- Verfügen über Geschäftssinn, Fachwissen und Energie

3. Das Unternehmen Google Inc. Cooperation

3.1 Was ist Google Inc. Cooperation

Im Jahre 1995 lernten sich die Gründer Larry Page und Sergey Brin an der Stanford University kennen. Sie arbeiteten beide gemeinsam an der Idee eine Suchmaschine zu entwickeln, welche schneller und leichter zu bedienen sein sollte als die bislang verfügbaren Suchmaschinen. Sie beide waren Informatiker und hatten somit keinerlei Erfahrungen im Bereich der Betriebswirtschaft. Im Zentrum ihres Projekts lag das von Larry Page entwickelte Verfahren „Page-Rank" (vgl. Göhrum, Die Geschichte von Google, 2018). Das Verfahren beschreibt die Messung der Wichtigkeit einer Webseite. Sie wird danach bewertet, wie viele „themenverwandte fremde Webseiten über einen Hyperlink auf diese Webseite verweisen" (Göhrum, Die Geschichte von Google, 2018). Bis heute wird diese Methode konsequent weiterentwickelt, Ziel ist es möglichst viele Hyperlinks auf fremden Webseiten zu platzieren.

3.2 Die Geschichte von Google Inc. Cooperation

Gegründet wurde Google am 07. September 1998 von Larry Page und Sergey Brin in einer Garage. Ihr Startkapital erhielten sie unter anderem von Andreas von Bechtolsheim in Höhe von 100.000 Dollar, ihr gesamtes Startkapital beruhte jedoch auf einer Summe von 1,1 Millionen Dollar (vgl. Wiesend, Die Geschichte von Google, 2015). Der Name Google entstand durch die mathematische Zahl „Googol", eine Eins mit hundert Nullen. Der Name sollte ein Symbol für die nahezu unüberschaubaren Mengen an Webseiten sein, die Google in sein Webindex aufnehmen sollte (vgl. Göhrum, Die Geschichte von Google, 2018).

Im Februar 1999 eröffnete Google schließlich das erste Büro in Palo Alto, Kalifornien. Zu diesem Zeitpunkt zählte die Suchmaschine ca. 500.000 Suchanfragen pro Tag. Schon im darauffolgenden Jahr wurde Google zum Marktführer im Bereich der Suchmaschinen (vgl. Göhrum, Die Geschichte von Google, 2018), jedoch gab es zu diesem Zeitpunkt noch kein richtiges Geschäftsmodell. Einige Zeit später entwickelte das Unternehmen jedoch aus Not die „Google AdWords". Gegen Bezahlung war es Unternehmen möglich kommerzielle Anzeigen zu schalten. So wurden bei bestimmten Suchanfragen diese speziellen Anzeigen zusätzlich zur Ergebnisliste angezeigt. 2004 ging Google schließlich an die Börse.

4. Die Unternehmensführung von Google Inc. Cooperation

4.1 Googles Firmenkultur

Die Firmenkultur gibt vor wie sich die Menschen intern aber auch extern verhalten sollen. Ausschlaggebend ist inwiefern die Mitarbeiter an die Worte glauben, die die Firmenkultur vorgibt (vgl. Schmidt, E. und Rosenberg, J., 2014, S. 42).

Es wurde eine Umgebung geschaffen, in der sich die Mitarbeiter wohl und geschätzt fühlen konnten. Zum einen wurde dies erreicht indem zahlreiche Möglichkeiten der Belohnung geschaffen wurden (Schwimmbecken, Fahrräder, kostenlose Gourmet-Küchen u.v.m.) (vgl Schmidt, E. und Rosenberg, J., 2014, S. 45), zum anderen wurde den Mitarbeitern aber auch das Gefühl vermittelt, dass jeder einzelne von ihnen eine wichtige Rolle im Unternehmen spielt (vgl. Schmidt, E. und Rosenberg, J., 2014, S. 50.ff.). Für Google liegt der Fokus immer auf dem Nutzer (vgl. Schmidt, E. und Rosenberg, J., 2014,

S.42). Diesem sollte immer das höchste Maß an Qualität geboten werden. Um aber dieses Maß zu erreichen ist es notwendig, dass die Mitarbeiter auch ihr höchstes Maß an Qualifikation zur Verfügung stellen. Erreicht wurde dies u.a. durch das Erschaffen einer Universitätsatmosphäre. Alle „smarten Kreativen" haben Zugang zu erstklassigen kulturellen, sportlichen und akademischen Einrichtungen (vgl. Schmidt, E. und Rosenberg, J., 2014, S.45). Auch war es den Gründern wichtig, dass es den „smarten Kreativen" an nichts fehlte, um ihre Kreativität frei zu entfalten. Deshalb gingen sie auch sehr großzügig mit den Ressourcen um (vgl. Schmidt, E. und Rosenberg, J., 2014, S. 49).

Ein weiterer wichtiger Aspekt der Firmenkultur ist die Irrelevanz der Gehaltsklassen, wenn es um qualitativ hochwertige Ideen geht. Es sollte eine Umgebung geschaffen werden, in der sich jeder trauen kann eine Idee hervorzubringen oder im Zweifelsfall auch Widerspruch einzulegen (vgl. Schmidt, E. und Rosenberg, J., 2014, S.50 ff.).

4.2 Googles Strategien

Google setzt grundlegend auf die Strategie der technischen Erkenntnisse. In jedem ihrer erfolgreichen Produkte steckt eine wesentlich technische Erkenntnis. Der Nutzen dieser Erkenntnisse liegt entweder in der Senkung der Kosten des Produkts oder aber in der Erhöhung der Funktionen und des Nutzens des Produkts (vgl. Schmidt, E. und Rosenberg, J., 2014, S.76 ff.). Es sollte sich immer danach gerichtet werden, was in fünf Jahren noch gültig ist. Von diesem Punkt aus wird rückwärts gearbeitet. In dieser Zeitspanne entstehen jedoch auch Chancen und Störungen. Hierbei ist es wichtig, Mitarbeiter zu haben, die diese Störungen vorhersehen und ihnen dementsprechend entgegenarbeiten. Es ist ein iterativer Prozess, der schnell ablaufen und auf Lernergebnissen basieren soll (vgl. Schmidt, E. und Rosenberg, J., 2014, S. 96 f.). Ein weiterer zentraler Bestandteil, wenn nicht sogar der wichtigste, der Strategie ist das Wachstum. Google erstellte Plattformen, welche ebenfalls eine fundamentale Rolle spielen, die zu einem rasanten und globalen Wachstum führten. Als dann der Datenverkehr immer weiter zunahm, konzentrierten sie sich nicht mehr auf das Wachstum des Umsatzes, sondern setzten auf die Verbesserung der Suchmaschine. Das Wachstum der Qualität stand also im Vordergrund (vgl. Schmidt, E. und Rosenberg, J., 2014, S. 84 ff.). Der Großteil der Zeit soll für die Entwicklung und Produktion der Produkte sowie für das Erstellen und Ausbauen von Plattformen verwendet werden denn das Hauptaugenmerk liegt stets auf dem Nutzer, diesem soll das höchste Maß an Qualität geboten werden. (vgl. Schmidt, E. und Rosenberg, J., 2014, S. 96). Ein weiterer wichtiger Bestandteil der Strategie ist es, sich nicht an der Konkurrenz zu orientieren. Man solle seine Mitstreiter zwar kennen, sich jedoch nicht an ihren Produkten oder Herangehensweisen messen. Die Konkurrenz dient lediglich der Motivation (vgl. Schmidt, E. und Rosenberg, J., 2014, S. 97). Um diese Strategien ausführen zu können, bedarf es einem guten Team. Es besteht hauptsächlich aus „Smarten Kreativen" und Personen, die einen Blick für Veränderungen haben, die das Unternehmen beeinflussen können bzw. werden.

4.3 Googles Innovation

Google versteht unter einer Innovation etwas, das neu, überraschend und grundlegend nützlich ist (vgl. Schmidt, E. und Rosenberg, J., 2014, S. 201). Wenn diese Kriterien erfüllt sind, werden sie jedoch nicht sofort weiterverfolgt. Es muss zunächst geprüft werden ob die Idee eine große Herausforderung darstellt. Hinzukommt, dass die Idee für eine Masse von mindestens mehreren Millionen nützlich sein muss. Ein weiteres Kriterium, damit eine Idee weiterverfolgt wird, ist dass die Lösung für die Realisierung sich grundlegend von den bereits auf dem Markt existierenden Lösungen unterscheiden muss. Ebenso müssen die grundlegenden Technologien die dafür nötig sind, vorhanden sein bzw. sie müssen im Bereich des Möglichen liegen, um entwickelt zu werden. Erst wenn alle diese Kriterien erfüllt wurden, wird mit einer Idee fortgesetzt (vgl. Schmidt, E. und Rosenberg, J., 2014, S. 202). Es muss jedem möglich sein innovativ zu werden. Die Aufgabe des Unternehmens hierbei ist es, die nötigen Voraussetzungen zu schaffen, damit es jedem Einzelnen möglich ist, kreativ und innovativ zu werden (vgl. Schmidt, E. und Rosenberg, J., 2014, S. 206). Dieses Denken soll durch „visionäres Denken" herbeigeführt werden. Eine passende Frage hierzu könnte sein: „Worauf könnten Menschen in 25 Jahren angewiesen sein" (vgl. Schmidt, E. und Rosenberg, J., 2014, S. 210 f.).

Ebenso wichtig wie die Idee ist auch das Umfeld für die Innovation. Man sollte sich kein komplett neues Umfeld suchen, sondern ein bereits existierendes und auf diesem Gebiet dann Marktführer werden (vgl. Schmidt, E. und Rosenberg, J., 2014, S. 202 f.).

4.4 Googles Personalbeschaffung

Ein wichtiger Bestandteil der Personalbeschaffung ist es, Menschen mit Leidenschaften einzustellen. Diese beschränken sich jedoch nicht nur auf betriebliche Interessen, auch außerbetriebliche Leidenschaften bringen dem Unternehmen einen großen Nutzen. Leidenschaften führen dazu, dass eine Person sich mit einem Thema intensiv beschäftig, trotzdem ist sie kein Erfolgsgarant (vgl. Schmidt, E. und Rosenberg, J., 2014, S. 104 f.). Eine weitere Komponente ist die Einstellung von „Lernbesessenen". Google versucht ständig nach dem Leitspruch „Leute einstellen, die klüger sind als Sie selbst" (Schmidt, E. und Rosenberg, J., 2015, S. 105.) zu handeln. Es ist dennoch wichtig, Personal nicht nur auf Grund ihres Wissens einzustellen. „Lernbesessene", wie Google sie nennt, sind in der Lage „tiefgreifende Veränderungen" zu verarbeiten. Sie glauben daran, ihre Qualitäten zu prägen und weiterzuentwickeln (vgl. Schmidt, E. und Rosenberg, J., 2014, S. 105 ff.).

Bei der Personalbeschaffung spielt für Google der Charakter ebenso wie die Dinge die einen Menschen interessant machen eine große Rolle. Dies wird durch einen LAX-Test ermittelt, welcher die „Googleyness" testet. Die „Googleyness" besteht aus Ehrgeiz, Tatendrang, Teamfähigkeit, Kommunikationsfähigkeit, Fokus auf das Handeln, Effizienz, zwischenmenschliche Kompetenzen, Kreativität und Integrität (vgl. Schmidt, E. und Rosenberg, J., 2014, S. 108). Ebenso wie die „Googleyness" ist auch die Pluralität, also die Meinungsvielfalt, ein wichtiger Aspekt der Personalbeschaffung. Es sollen auch Personen eingestellt werden, die nicht notwendigerweise in das erforderliche Profil passen denn „exzellente Universalisten" haben einen größeren Nutzen für das Unternehmen (vgl. Schmidt, E. und Rosenberg, J., 2014, S. 110 f.)

5. Fazit

5.1 Zusammenfassung

Zusammenfassend lässt sich sagen, dass Google höchst marktorientiert ist. Angefangen bei der Firmenkultur, die eine Umgebung geschaffen hat in der sich Mitarbeiter wohl fühlen können und somit die Effizienz gesteigert wird. Durch einfache aber dennoch bedeutende Strategien, schafft es Google, dass seine Produkte meist höchst erfolgreich auf dem Markt werden. Dies wird ebenfalls durch die Innovationen gefördert, welche laufend weiterentwickelt werden. Natürlich ist all dies nur zu schaffen, wenn man das richtige Personal hat. Auch hier geht Google nach einem Schema vor. Es werden nur die besten „Smarten Kreativen" eingestellt. All diese Komponenten führen zu dem Erfolg, den Google heute aufweisen kann.

5.2 Ausblick

Es wird davon ausgegangen, dass Google zukünftig noch erfolgreicher wird. Eine Suchmaschine wird stets gebraucht. Vor allem in der heutigen Zeit ist das Internetbusiness ein unvermeidliches Element. Durch die verschiedenen Funktionen die Google anbietet, wird es auch anderen Unternehmen schmackhaft gemacht, in Kooperation mit Google Inc. Cooperation zu arbeiten (z.B. Google AdWords).

Durch die Art, wie das Unternehmen Innovationen vorantreibt, ist ebenfalls davon auszugehen, dass noch weitere Produkte auf den Markt gebracht werden, die einen großen Erfolg aufweisen werden.

Literaturverzeichnis

Göhrum, G.-C. (o.D.). DIE GESCHICHTE VON GOOGLE. Abgerufen 21. Januar,
2018, von http://www.web-werkstatt.eu/die-geschichte-von-google/

Interbrand, I. (o.D.). Best Global Brands 2017 Rankings. Abgerufen 23. Januar, 2018,
von http://interbrand.com/best-brands/best-global-brands/2017/ranking/google/

Management. (o.D.). Abgerufen 8. Januar, 2018, von http://www.bwl-
wissen.net/definition/management

Marketing. (o.D.). Abgerufen 23. Januar, 2018, von http://www.bwl-
wissen.net/definition/marketing

Lies, L.-J. Prof. Dr. (o.D.). Unternehmenskultur. Abgerufen 8. Januar, 2018, von
http://wirtschaftslexikon.gabler.de/Definition/unternehmenskultur.html

Maier, M.-G.-W. Prof. Dr.. (o.D.). Synergie. Abgerufen 11. Januar, 2018, von
http://wirtschaftslexikon.gabler.de/Definition/synergie.html

Specht, S.-D. Prof. Dr., & Möhrle, M.-M.-G. Prof. Dr. (o.D.). Innovation. Abgerufen
12. Januar, 2018, von
http://wirtschaftslexikon.gabler.de/Definition/innovation.html

Schmidt, S.-E., & Rosenberg, R.-J. (2014). *Wie Google tickt.* New York, Vereinigte
Staaten: Grand Central Publishing.

Strategie. (o.D.). Abgerufen 11. Januar, 2018, von http://www.rechnungswesen-
verstehen.de/lexikon/strategie.php

UNTERNEHMENSFÜHRUNG Unternehmenskultur. (o.D.). Abgerufen 8. Januar,
2018, von http://www.onpulson.de/lexikon/unternehmenskultur/

Wiesend, W.-S. (2015, 3. Februar). Die Geschichte von Google. Abgerufen 21. Januar,
2018, von https://www.computerwoche.de/a/die-geschichte-von-
google,3064145